Ha...

Gestion des biens immobiliers

Hamza Bellakhdar

Gestion des biens immobiliers

Une modélisation d'une application pour gérer les biens immobiliers

Éditions universitaires européennes

Mentions légales / Imprint (applicable pour l'Allemagne seulement / only for Germany)
Information bibliographique publiée par la Deutsche Nationalbibliothek: La Deutsche Nationalbibliothek inscrit cette publication à la Deutsche Nationalbibliografie; des données bibliographiques détaillées sont disponibles sur internet à l'adresse http://dnb.d-nb.de.
Toutes marques et noms de produits mentionnés dans ce livre demeurent sous la protection des marques, des marques déposées et des brevets, et sont des marques ou des marques déposées de leurs détenteurs respectifs. L'utilisation des marques, noms de produits, noms communs, noms commerciaux, descriptions de produits, etc, même sans qu'ils soient mentionnés de façon particulière dans ce livre ne signifie en aucune façon que ces noms peuvent être utilisés sans restriction à l'égard de la législation pour la protection des marques et des marques déposées et pourraient donc être utilisés par quiconque.

Photo de la couverture: www.ingimage.com

Editeur: Éditions universitaires européennes est une marque déposée de
Südwestdeutscher Verlag für Hochschulschriften GmbH & Co. KG
Dudweiler Landstr. 99, 66123 Sarrebruck, Allemagne
Téléphone +49 681 37 20 271-1, Fax +49 681 37 20 271-0
Email: info@editions-ue.com

Produit en Allemagne:
Schaltungsdienst Lange o.H.G., Berlin
Books on Demand GmbH, Norderstedt
Reha GmbH, Saarbrücken
Amazon Distribution GmbH, Leipzig
ISBN: 978-3-8417-8145-1

Imprint (only for USA, GB)
Bibliographic information published by the Deutsche Nationalbibliothek: The Deutsche Nationalbibliothek lists this publication in the Deutsche Nationalbibliografie; detailed bibliographic data are available in the Internet at http://dnb.d-nb.de.
Any brand names and product names mentioned in this book are subject to trademark, brand or patent protection and are trademarks or registered trademarks of their respective holders. The use of brand names, product names, common names, trade names, product descriptions etc. even without a particular marking in this works is in no way to be construed to mean that such names may be regarded as unrestricted in respect of trademark and brand protection legislation and could thus be used by anyone.

Cover image: www.ingimage.com

Publisher: Éditions universitaires européennes is an imprint of the publishing house
Südwestdeutscher Verlag für Hochschulschriften GmbH & Co. KG
Dudweiler Landstr. 99, 66123 Saarbrücken, Germany
Phone +49 681 3720-310, Fax +49 681 3720-3109
Email: info@editions-ue.com

Printed in the U.S.A.
Printed in the U.K. by (see last page)
ISBN: 978-3-8417-8145-1

Dédicaces

J'adresse à travers ce rapport un message de reconnaissance à mes parents et à mes enseignants à l'ESTI en espérant qu'ils trouvent dans ce travail l'expression de ma profonde gratitude.

Je tiens à dédier ce travail à tous les membres de famille BELLAKHDAR tout en espérant continuer sur la voie du succès afin de leur apporter joie et satisfaction.

Hamza

Remerciements

Je tiens à remercier profondément Mrs Bouchhima Aimen mon encadreur à l'école supérieur de technologie et informatique qui a bien voulu assurer la direction de ce travail pour, sa patience, son assistance et ses précieuses recommandations.

Je remercie Mrs Trabelsi Hichem gérant de la société ONLY SOFT pour m'avoir accepté dans son entreprise pour effectuer mon stage de fin d'étude.

Je remercie tout spécialement mes encadreurs Mme Trabelsi Bouloussa Wafa et Mrs Debabi Mohamed pour m'avoir suivi de près tout au long de ce projet. Je veux leur témoigner mes plus profondes gratitudes pour leurs disponibilités et leurs précieux conseils. Ainsi que tout le personnel de la société ONLY SOFT pour leur accueil chaleureux leurs encouragements et leurs soutiens et pour leur contribution à ma bonne intégration et à l'aboutissement de mon projet de fin d'étude.

Je remercie tous mes enseignants à l'ESTI pour leur formation tout au long de mes études.

Table des matières

Table des figures

Introduction

Dans un monde où l'informatique n'a cessé de s'imposer comme la solution idéale et le moyen le plus efficace pour le stockage des données diverses, veiller à l'intégrité de celles-ci et à leur sécurité revêt indubitablement une importance capitale.

Dans le cadre du projet de fin d'étude au sein de l'ESTI, département « informatique appliquée », je présente le présent rapport dans lequel j'essayerai d'illustrer le travail effectué dans ce projet intitulé « Gestion des Biens Immobiliers ». En effet, je réalise l'étude, l'analyse, la conception ainsi que le développement d'une application permettant de gérer les clients, les biens, les contrats de vente et de location, la facturation, les règlements et la gestion des accès utilisateurs.

Ce rapport a pour objet de présenter les différentes solutions technologiques disponibles sur le marché, les choix pour lesquels j'ai opté pour réaliser mon projet, et leur adéquation avec les besoin d'une agence des biens immobiliers.

Ce rapport est organisé sous forme de chapitres qui sont décrits ci-dessous :

Je commence par la présentation générale qui est consacrée à la présentation de la société d'une part, le cadre de travail de l'autre et surtout à l'étude de contexte dans lequel se déroule mon projet.

Le deuxième chapitre est l'étude de préalable qui doit me permettre de faire le recueil des besoins qui vont être formulés et structurés pendant les phases qui suivent.

Le troisième chapitre sera consacré à une étude des technologies permettant la réalisation de ce projet, je présenterai aussi la technologie choisie et les raisons qui ont poussé à l'adopter.

Le quatrième chapitre n'est autre que la conception durant laquelle on doit évoquer les détails de l'architecture système et exprimer les idées d'une manière plus formelles par des présentations schématiques représentant la structure de système à mettre en œuvre ainsi que le modèle de la base de données.

Le cinquième chapitre, la réalisation, est dédiée pour décrire l'environnement de travail et argumenter les différents choix ainsi que pour parler des différentes contraintes et pratiques adoptés lors de l'implémentation ainsi que les tests et les évaluations nécessaires pour l'amélioration du système.

Le sixième chapitre décrit le côté ergonomique du système et présente quelques interfaces graphiques de l'application. Je termine ce rapport avec une conclusion générale et les perspectives.

Chapitre 1 Présentation Générale

I.1. Introduction :

Compte tenu de la nécessité de l'automatisation de la gestion des biens immobiliers, ma mission a été de mettre en place un système de gestion des biens immobiliers pour le compte de la société Only Soft.

I.2. Présentation de l'organisme d'accueil :

Only Soft est une société de développement de logiciel informatique spécialisée dans la conception et la mise en œuvre de systèmes d'information reposant sur les nouvelles technologies. Elle est fondée et menée par un groupe de concepteurs ayant un profil de haut niveau.

Outre le développement des logiciels standards (Gestion de la Production, Gestion Commerciale, Gestion Comptable, Gestion du Personnel, Gestion de Pointage, Gestion des Importations, Gestion Budgétaire...), Only Soft entreprend des actions d'identification et de réalisation de solutions informatiques à travers des études spécifiques.

L'action de développement d'Only Soft repose sur des outils qui font de ses logiciels des systèmes dynamiques pouvant s'accommoder à un environnement mouvant.

I.3. Présentation de sujet :

Lorsqu'on essaie de définir ce qu'est un bien immobilier, je pense tout de suite aux bâtiments et à l'habitation en elle-même mais d'autres éléments rentrent dans la définition des biens immobiliers.

Les biens immobiliers peuvent être l'objet de contrat de vente ou de location.

Mon projet consiste à mettre au point un système pour l'automatisation de gestion des biens immobiliers, permettant:

- La gestion clientèle : suivie des dossiers des clients selon le contrat (vente ou location).
- La gestion des biens : vente, location, mettre à jour la base des biens.
- La gestion des opérations : factures et règlements.
- La consultation des statistiques.
- La gestion d'accès utilisateurs : affectation des droits à chaque utilisateur.

Pour mettre en place mon système de gestion j'étais amené à soulever divers problématique:

✓ **Quels sont les différents acteurs agissant sur le système?**
✓ **Quelles sont les tâches que doit accomplir l'application?**
✓ **Comment représenter l'application pour faciliter sa réalisation?**

I.4. Méthodologie et formalisme adopté :

Ce projet, comme tout autre projet doit être finalisé en un produit, qui est dans mon cas, une application de gestion des biens immobiliers. Ainsi, le produit doit répondre aux spécifications demandées. Pour arriver à ce résultat, il faut de choisir une méthodologie de développement logicielle adéquate à ce projet.

Une méthodologie définit le processus de développement de l'application, c'est-à-dire « qui fait quoi, quand il faut le faire et comment un certain objectif peut être atteint ». Cette démarche complète commence par la compréhension des besoins et se termine lors de la mise en œuvre de la solution.

J'ai opté pour UML (Unified Modeling Language) en vue de modéliser mon système, pour la représentation selon différentes vues qu'il offre, chose qui met l'accent sur les cotés statiques, dynamiques et fonctionnels du système.

I.5. Conclusion :

Le chapitre « Présentation générale » avait pour but de définir l'environnement global du projet ainsi que de présenter l'organisme d'accueil, la méthodologie et le formalisme adopté.

Le chapitre suivant «Analyse et spécification» a pour rôle de définir le futur système en commençant par l'étude de l'existant pour déterminer la spécification conforme. Ceci constitue l'étape essentielle pour la construction du logiciel.

Chapitre 2 Analyse des besoins et spécifications

II.1. Introduction :

Avant de développer une application, il est nécessaire d'analyser les exigences système. La détermination et la compréhension des besoins sont souvent difficiles étant données que le développeur n'est pas forcément un connaisseur de domaine. Pour ce fait et afin de bien mener le processus de développement, on doit commencer par la modélisation des besoins des utilisateurs système. Une fois les besoins identifiés et structurés, ils permettront d'identifier les fonctionnalités système. Ce chapitre se consacre à l'analyse des besoins des utilisateurs.

II.2. Objectif :

L'objectif de projet est de développer un système de gestion des biens immobiliers qui permet de gérer les biens, les clients, les contrats (vente ou location) et les opérations (facture ou règlement).

II.3. Spécification des exigences :

II.3.1. Besoins fonctionnels :

Dans ce qui suit, je détaille les besoins fonctionnels de mon application. Ces besoins couvrent :

- La gestion des biens immobiliers (appartement, villas, terrain,….).
- La gestion de la clientèle.
- L'administration des utilisateurs.
- La gestion des opérations de vente, location, facturation, règlement.
- Le reporting et les statistiques.

L'application doit permettre à l'administrateur de gérer la création, la suppression et la modification des comptes utilisateurs en affectant les droits d'accès à chaque utilisateur selon la poste.

Les agents immobiliers quant à eux doivent pouvoir gérer les clients, les biens de la société et les réservations effectuées.

L'application doit permettre à des utilisateurs la création, la modification, la suppression, la consultation et l'édition des contrats de location et de vente. Pour les contrats de location, l'utilisateur a la possibilité de résilier un contrat. En cas de renouvellement d'un contrat, l'application doit gérer l'augmentation des montants selon le taux d'augmentation mentionné dans le contrat.

Ce qui est loué ou vendu doit faire l'objet d'une facture dédiée. Pour les contrats de vente, les factures sont générées à temps. Les factures des contrats de location sont générées avant la date du règlement. Le règlement des factures peut se présenter sous plusieurs modes (espèce, virement, chèque, …).

Pour l'aide à la décision, l'application doit permettre de consulter les statistiques selon les droits d'accès attribués à l'utilisateur.

II.3.2. Besoins non fonctionnels :

Les différents besoins non fonctionnels de l'application à réaliser peuvent être résumés par les points suivants :

- L'utilisabilité : L'application doit offrir une souplesse et une modularité de paramétrage pour pouvoir s'adapter à des besoins futurs. L'implémentation doit être modulaire pour permettre l'extensibilité, l'amélioration de l'application et l'intégration de nouveaux modules.
- L'interface doit être ergonomique, conviviale et facile à utiliser.
- L'application doit être maintenable (code lisible et commenté).
- L'application doit être sécurisée.

II.4. Etude de l'existant :

Dans le système actuel, la gestion des biens, de la clientèle et des opérations de facturation et de règlement est effectuée manuellement. Ceci implique une perte de temps et la possibilité de perte de données. En plus, il devient difficile de suivre efficacement les différentes opérations.

Au niveau du marché du logiciel, plusieurs logiciels (Activimmo, skarabee, ...) ont été construits dans ce domaine pour simplifier la gestion des opérations de ventes et de locations des biens immobiliers. Ils ont comme objectif l'organisation et l'instauration d'un système interactif afin de faciliter la gestion des relations entreprise-client. Ces logiciels, dont la majorité, sont payants, ne répondent pas à l'ensemble des besoins de la société accueillante ONLY-SOFT qui propose de développer un logiciel spécifique de Gestion de Biens Immobiliers pour le compte de ces clients.

II.5. Scénarios et des cas d'utilisation :

Un cas d'utilisation modélise une interaction entre le système informatique à développer et un utilisateur ou un acteur interagissant avec le système. Plus précisément, un cas d'utilisation décrit une séquence d'actions réalisées par le système qui produit un résultat observable par un acteur.

II.5.1. Identification des acteurs :

L'analyse débute par la recherche des acteurs du système. Un acteur est une entité externe au système à développer, mais il est actif dans les transactions avec celui-ci. Un acteur peut non seulement être humain (par exemple un client) mais encore purement matériel ou logiciel. Il représente le rôle à jouer par une personne, un groupe de personne ou par un tierce, qui interagit avec le système. Voici les acteurs de mon application :

> **Les agents immobiliers:** Ce sont des utilisateurs ordinaires du système. Ils peuvent effectuer selon leurs droits d'accès:
- La gestion de clientèle.
- La gestion des biens.

15

- La gestion des réservations.
- La gestion des contrats (location ou vente).
- La gestion des opérations (facturation ou règlement).
- La consultation des statistiques.

➤ **Administrateur :** Il hérite les fonctionnalités d'un agent. De plus, il peut effectuer :
- La gestion des utilisateurs.
- La gestion des paramètres.

II.5.2. Cas d'utilisation :

Le schéma ci-dessous représente le diagramme de **cas d'utilisation général** :

Description du cas d'utilisation général :

Une authentification est requise par tous les utilisateurs, l'agent immobilier peut gérer les clients, les biens, les réservations, les contrats, les opérations de facturation et de règlement ainsi de consulter les statistiques. L'administrateur hérite toutes les fonctionnalités de l'agent immobilier et il a comme tâche prioritaire de gérer les utilisateurs et les paramètres.

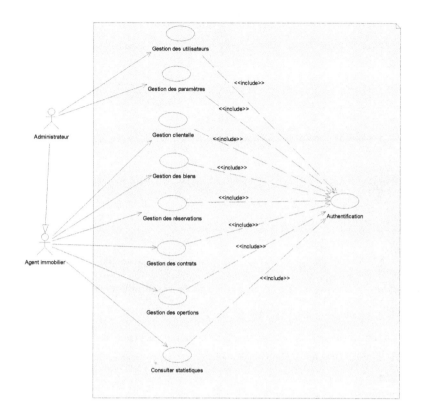

Les différents éléments du diagramme :

- Gestion des utilisateurs
- Gestion des paramètres
- Gestion clientelle
- Gestion des biens
- Gestion des réservations
- Gestion des contrats
- Gestion des opertions
- Consulter statistiques
- Authentification
- Administrateur
- Agent immobilier
- <<include>>

Figure 2.1 Cas d'utilisation général.

Le schéma ci-dessous représente le diagramme de **cas d'utilisation de la gestion clientèle**.

S'il a les droits sur les opérations de la gestion clientèle, l'agent immobilier peut ajouter, modifier, supprimer un client ainsi consulter et imprimer les informations relatives à un client.

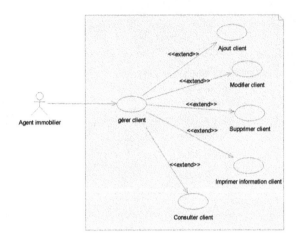

Figure 2.2 Cas d'utilisation de la gestion clientèle.

Le schéma ci-dessous représente le diagramme de **cas d'utilisation de la gestion des contrats** :

L'utilisateur de l'application peut avoir la tâche de la gestion des contrats de vente ou bien de location. Dans les deux cas, il peut ajouter, modifier, supprimer, consulter et imprimer un contrat.

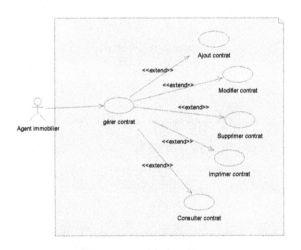

Figure 2.3 Cas d'utilisation de la gestion des contrats.

Le schéma ci-dessous représente le diagramme de **cas d'utilisation de la facturation**:

Les factures des contrats de location sont générer ensemble et pour les contrats de vente, les factures sont générées à temps. En cas d'erreur, l'agent peut supprimer une facture.

Ainsi, l'utilisateur peut consulter et imprimer une facture.

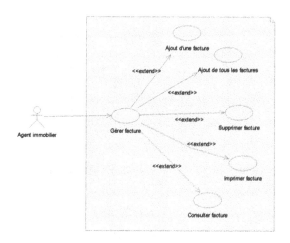

Figure 2.4 Cas d'utilisation de la gestion de facturation.

Le schéma ci-dessous représente le diagramme de **cas d'utilisation de la gestion des d'utilisateurs**:

L'administrateur de ma solution gère les utilisateurs et leurs droits d'accès.

Après l'ajout d'un utilisateur, il lui affecte les droits selon sa poste occupée. Et il peut modifier, supprimer, consulter un utilisateur, il modifie les droits et il peut imprimer la liste des utilisateurs.

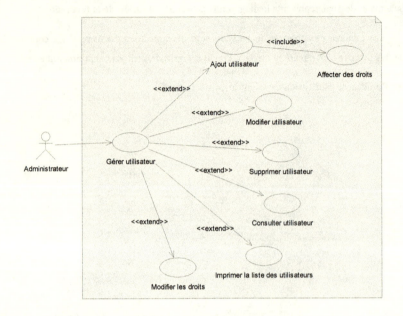

Figure 2.5 Cas d'utilisation de la gestion des d'utilisateurs.

II.6. Conclusion :

Dans ce chapitre, j'ai présenté une spécification détaillée de mon application. L'étape suivante est la phase de conception pour déterminer le cadre conceptuel à fin de réaliser la base de données.

Chapitre 3 Etat de l'art

III.1. Introduction :

La réalisation du projet ainsi décrit peut être effectuée par l'utilisation d'une multitude d'outils tout en adoptant une architecture globale répondant aux besoins spécifiés. Pour ce faire, je vais mettre l'accent dans ce chapitre sur les différentes technologies qui pourront être adoptées lors de l'élaboration de ce système tout en décrivant les solutions existantes.

III.2. Oracle developer suite 10g :

La suite de développement d'Oracle se compose aujourd'hui des produits suivants:

-   Oracle Jdeveloper Environnement intégré de développement d'applications java et web services
-   Oracle Forms Atelier de développement rapide d'applications basées sur le PL/SQL
-   Oracle Designer Atelier de modélisation, génération de code et retro-engeneering
-   Oracle Software Configuration Manager Outil de gestion des développements multi-développeurs, multi-sources
-   Oracle Reports Générateur d'états multi-formats (PDF, html, fichiers CSV, etc.)
-   Oracle Discoverer Outil d'interrogation, de reporting, d'analyse et de publication
-   Oracle Wharehouse Builder Outil d'analyse des données et métadonnées de la base
-   Oracle Business Intelligence Beens Ensemble de fonctions graphiques

Dans l'élaboration de mon projet, deux principaux outils m'aidera : Forms developer et Reports developer.

III.2.1 Forms developer :
↓ Composant d'une application forms :

Une application Forms est constituée d'un ensemble de composants, l'unité de base d'une application Forms est le Module.

Le module de base peut gérer les composants suivants :

- Déclencheurs
- Alertes
- Bibliothèque PL/SQL
- Menus
- Blocs de données
- Canevas
- Editeurs
- Liste de Valeurs (LOV)
- Groupes d'enregistrement
- Etats
- Fenêtres

On détaillera les principaux composants utilisés pendant l'élaboration de mon projet.

Les déclencheurs :

Ils contiennent du code exécutable. Ils sont nommés et répondent à des évènements spécifiques (programmation évènementielle).

Par exemple

Le déclencheur **When-New-Form-Instance** se déclenche au chargement du module.

Le déclencheur **Pre-Insert** se déclenche avant l'insertion d'une ligne en table

Le déclencheur **On-Update** se déclenche au moment de la mise à jour d'une ligne

Le déclencheur **Key-Next-Item** se déclenche lorsque l'utilisateur se déplace sur l'item suivant avec la touche Tab.

Forms gère deux types de déclencheurs:

- **Les déclencheurs natifs**
- **Les déclencheurs créés par le développeur**

Les déclencheurs natifs font partie intégrante d'une application Forms. Ils ont un nom spécifique et répondent à un évènement particulier. Ils sont gérés automatiquement par Forms et peuvent être surchargés par de développeur.

Les déclencheurs explicites sont créés et nommés par le développeur. Ils ne répondent à aucun évènement particulier et doivent être appelés explicitement dans le code du programme. Ce ne sont que des procédures contenant du code exécutable.

Les alertes :

C'est une boite de dialogue munie d'un titre et affichant un message. Elle dispose de un à trois boutons configurables afin de récupérer un choix utilisateur.

Elle est utilisée pour présenter un message (d'erreur ou d'avertissement) auquel l'utilisateur doit répondre, car une alerte est modale.

Ce type de boite de dialogue est utilisé pour transmettre une information à l'utilisateur. Comme il s'agit d'une fenêtre modale, l'utilisateur doit cliquer sur l'un des boutons pour fermer cette fenêtre. Il ne peut naviguer sur aucune autre fenêtre.

L'affichage d'une boite d'alerte est réalisé pendant l'exécution en utilisant la fonction native :

Integer := Show_Alert(nom_alerte | id_alerte)

Figure 3.1 Exemple d'alerte

Menu :

Un menu est un composant indépendant permettant d'afficher une barre de menus, il permet d'exécuter certaines actions via les options de la barre

Bloc de données :

Un bloc est dit basé sur une table ou une vue lorsqu'il est physiquement rattaché à une table ou une vue existante de la base de données.

Un bloc ne peut être basé que sur une seule table ou une seule vue. En d'autres termes, un même bloc ne peut pas contenir d'items (colonnes) provenant de plusieurs tables. Il est constitué d'enregistrements correspondant aux colonnes de la table ou de la vue sur laquelle il est basé.

23

Forms gère automatiquement les interactions avec la base de données lorsque vous insérez, modifiez ou supprimez un enregistrement du bloc.

Pour pouvoir baser un bloc sur une table ou une vue, celle-ci doit préalablement exister dans la base de donnée. Elle doit appartenir au schéma sur lequel l'utilisateur est connecté ou à n'importe quel autre schéma de la base pourvu qu'un synonyme existe.

Cependant, Forms ne gère pas nativement les colonnes de type collection (NESTED TABLE, VARRAY).

Un bloc ne peut pas contenir d'objet graphique mais seulement des items qui établissent la correspondance avec les colonnes de la table liée. C'est lui qui gère l'interaction avec la base de données en ramenant les enregistrements depuis la table et en exécutant les ordres d'insertion de mise à jour et de suppression.

Les canevas :

Le canevas correspond à une surface d'affichage. Il est obligatoirement associé à une fenêtre et une seule (Window). Une fenêtre peut contenir plusieurs canevas de type Intégral et plusieurs canevas de type Empilé et/ou Onglet mais un seul canevas intégral n'est visible à la fois.

Forms supporte quatre types de canevas :

- Intégral
- Empilé
- Onglet
- Barre d'outils

Le canevas intégral

Il s'agit de la surface d'affichage par défaut. Il est appelé canevas parent dans la mesure où il représente la surface d'affichage principale sur laquelle sont affiché les graphiques, les items des blocs ainsi que les canevas de type empilé et/ou onglet.

Chaque fenêtre de l'application doit contenir au moins un canevas intégral.

Lorsque vous créez un nouveau module Forms, une des premières choses à faire est de créer un canevas intégral. C'est sur cette surface que vous afficherez les objets graphiques et les items. Création de plusieurs canevas intégraux sur une même fenêtre.

Forms, à l'exécution ne peut afficher au même instant qu'un seul canevas intégral pour une même fenêtre. Il doit donc " décider " lequel sera affiché dans l'instant et considéré comme le canevas courant.

Par défaut, Forms place le focus sur le premier item navigable du premier bloc de la forme. C'est donc le canevas intégral qui contient cet item qui deviendra le canevas courant.

Lorsque la navigation déplace le focus vers un item hébergé par un autre canevas intégral, c'est celui-ci qui devient le canevas courant.

Au moment de la conception, vous pouvez définir au niveau des propriétés de la fenêtre quel sera le canevas principal.

III.2.2 Report builder

On a utilisé aussi reports builder qui est l'outil de création d'états créé par Oracle. Ce logiciel est un puissant outil destiné aux entreprises permettant de développer et de générer rapidement des états sous format papier et Web.

Les états sont des modules spécifiques réalisés avec l'outil Oracle Reports.

Type d'état cible peut prendre l'une des valeurs suivantes

- Aperçu
- Fichier
- Imprimante
- Envoyer
- Cache
- Ecran

Format d'état cible peut prendre l'une des valeurs suivantes

- PDF génère un état au format PDF (Acrobat Reader)
- HTML génère un état au format HTML
- HTMLCSS génère un état HTML incluant un fichier de style (CSS)
- HTMLCSSIE génère un état HTML incluant un fichier de style (CSS) pouvant être lu par Microsoft Internet Explorer 3.x
- RTF génère un état au format Rich Text Format
- DELIMITED génère un état au format ASCII délimité

Serveur d'états indique le nom du Report Server activé sur le serveur d'applications.
Paramètres dresse la liste des paramètres qui seront transmis à l'état (de type param=valeur)

Reports Builder inclut les possibilités suivantes:

- Un assistant facile à utiliser qui peut vous guider au long du processus de conception de rapport.
- Un constructeur de requêtes avec représentation graphique de l'état SQL.
- Différentes templates de rapports et différents modèles graphiques pouvant être modifiés.
- Représentation graphique des données.
- La possibilité d'exécuter des rapports dynamiques SQL dans des procédures PL/SQL.
- La possibilité de générer le code source de l'état et de modifier celui-ci afin de déterminer de quelle façon s'exécutera l'état.
- Exécution d'état sur toutes les plateformes.

III.2.3 Serveur base de données : Oracle

Oracle est un SGBD (système de gestion de bases de données) édité par la société du même nom, leader mondial des bases de données.

Oracle est écrit en langage C et est disponible sur de nombreuses plates-formes matérielles (plus d'une centaine) dont : AIX (IBM), Solaris (Sun), HP/UX (Hewlett Packard), Windows NT (Microsoft) et est depuis la version 8i disponible sous Linux.

Oracle se décline en plusieurs versions :

> ➤ Oracle Server **Standard**.
> ➤ Oracle Server **Enterprise Edition.**

Oracle est un SGBD permettant d'assurer :

- La définition et la manipulation des données.
- La cohérence des données.
- La confidentialité des données.
- L'intégrité des données.
- La sauvegarde et la restauration des données.
- La gestion des accès concurrents.

III.3. Conclusion :

J'ai ainsi pu décrire la technologie utilisée pour réaliser mon objectif. Je peux ainsi passer à la phase de conception pour déterminer le cadre conceptuel à fin de réaliser la base de données.

Chapitre 4 Conception

IV.1. Introduction :

En partant des analyses des besoins, ce chapitre entame la phase de conception de l'application. L'objectif de cette phase est de concevoir le modèle de l'application en se basant sur le langage UML.

IV.2. Conception :

IV.2.1. Langage de modélisation UML :

UML (Unified Modeling Language ou langage de modélisation unifié) est un langage graphique de modélisation d'applications informatiques il est indépendant des technologies et langages d'implémentation et des domaines d'application ce qui explique son aspect universel. Il tient compte des dernières avancées en matière de modélisation et développement logiciel pour pouvoir spécifier, concevoir, construire, et documenter des applications informatiques de plus en plus complexes.

UML permet de représenter un système selon différente vues complémentaires : les diagrammes. Un diagramme UML est une représentation graphique, qui s'intéresse à un aspect précis du modèle ; c'est une perspective du modèle.

Il existe deux types de vues du système qui comportent chacune leurs propres diagrammes : la vue statique et la vue dynamique.

IV.2.1. Diagramme de classe :

Le diagramme de classe est un élément essentiel de l'approche orientée objet, expriment l'aspect structurel et statique d'un système en termes de classes et de relations.

Pour le diagramme de classe de mon application, il est représenté par deux packages. Le premier représente les classes relatives à la gestion des accès utilisateurs et le deuxième représente le package de la gestion des biens immobiliers.

La figure 4.1 présente le diagramme de classe de la gestion des utilisateurs. La classe utilisateur définie tout les utilisateurs de ma solution, l'attribut « type_user » présente le type de l'utilisateur soit 'administrateur' soit 'simple'.

Chaque utilisateur a un et un seul droit. Chaque attribut de la classe droit englobe plusieurs opérations. Prenons l'exemple de l'attribut bien, il se compose de cinq caractères. Le premier représente l'opération d'ajout d'un bien, s'il est à 'n', l'utilisateur ne dispose pas du droit d'ajout d'un bien et s'il est à 'o', il a ce droit.

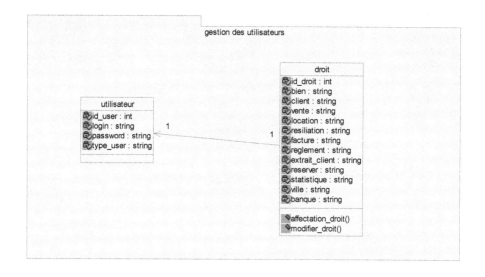

Figure 4.1 Diagramme de package de la gestion des utilisateurs.

La figure ci-dessous présente le diagramme de classe de la gestion des biens immobiliers.

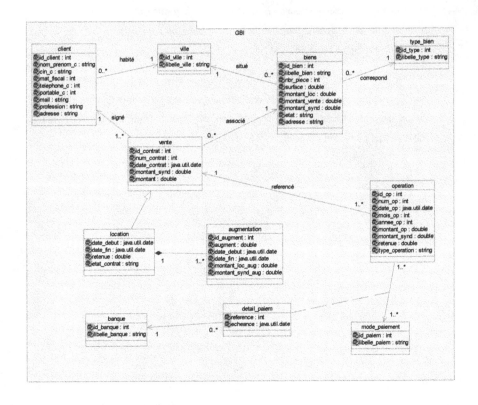

Figure 4.2 Diagramme de package de la gestion des biens immobiliers.

Description du diagramme de package « gestion des biens immobiliers » :

Client : rassemble les différentes données concernant le client.

Bien : décrit les biens immobiliers ainsi que leurs états (à louer, à vendre, loué, vendu).

Type Bien : les différentes catégories des biens (appartement, bureau, studio,……).

Ville : classe qui présente les villes.

Vente : classe mère de sous-classe location. Cette classe présente les informations du contrat de vente.

Location : spécialisation de la classe vente, cette classe rassemble les données d'un contrat de location ainsi que l'état du contrat (activé, désactivé). Si un contrat est résilié son état passe à désactivé.

Augmentation : pour chaque contrat de location, on a une ou plusieurs augmentations. Une augmentation est constitué du taux de l'augmentation entre une date début et une date fin du montant de location après l'augmentation et du montant de syndic.

Un client peut signer un ou plusieurs contrats de vente ou bien de location. Chaque contrat est associé à un seul bien qui correspond à un seul type bien.

Réservation : classe qui contient les données d'une réservation effectuée.

Opérations : classe contenant les dates et les montants pour chaque type d'opération (facture, règlement).

Mode paiement : ensemble des modes de paiement (espèces, chèque, virement,.....).

Banque : classe qui présente les banques.

Chaque contrat a un ou plusieurs opérations soit de facturation soit de règlement, l'opération de facturation est réglée par un mode de paiement déterminé. Pour un paiement par chèque, on spécifie la banque, la référence et la date d'échéance du chèque.

IV.2.2. Diagramme de séquence :

a) Diagramme de séquence d'authentification :

Pour l'authentification, l'agent immobilier saisi son nom d'utilisateur et son mot de passe. Si les données sont invalides, l'authentification est annulée et un message d'erreur s'affichera sinon une vérification des droits d'accès est établie et seulement les opérations accordées seront visibles à l'agent immobilier.

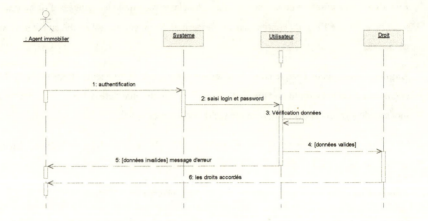

Figure 4.3 Diagramme de séquence d'authentification.

b) Diagramme de séquence d'ajout d'un client :

S'il a les droits, l'agent immobilier saisie les données relatives à un client et valide. Une vérification des données est établie par le système. Si l'ajout est réussi, un message de confirmation sera affiché pour l'agent immobilier.

Figure 4.4 Diagramme de séquence d'ajout d'un client.

c) Diagramme de séquence d'ajout d'une réservation :

La réservation d'un bien demande une vérification de l'état de ce bien. Si libre, l'ajout sera effectué avec succès.

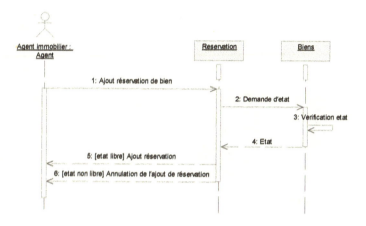

Figure 4.5 Diagramme de séquence d'ajout d'une réservation

d) Diagramme de séquence d'ajout d'un contrat:

Après une vérification des données saisies, si valide l'ajout du contrat est effectué et l'état du bien sera modifié du « à louer » ou « à vendre » à respectivement « loué » ou « vendu ».

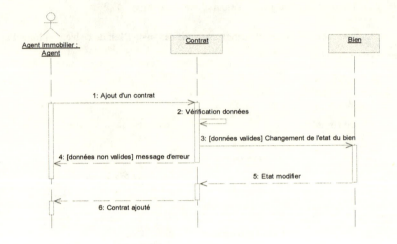

Figure 4.6 Diagramme de séquence d'ajout d'un contrat.

e) Diagramme de séquence de suppression d'un utilisateur :

Une suppression d'un agent immobilier par l'administrateur entraine une suppression implicite de ces droits par le système.

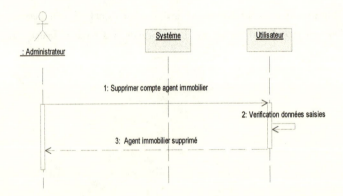

Figure 4.7 Diagramme de séquence de suppression d'un utilisateur.

IV.3. Schéma de base de donné :

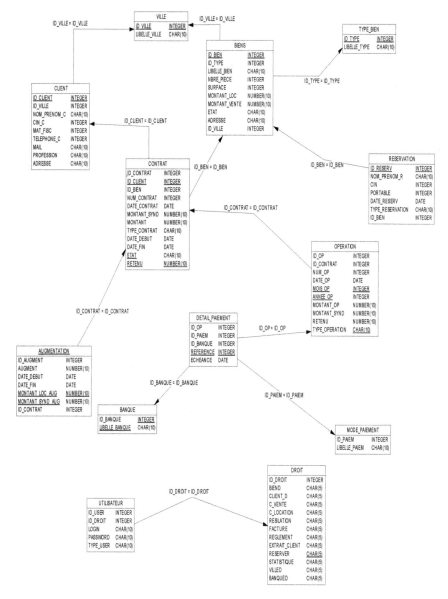

Figure 4.8 Schéma de la base de données.

IV.4. Conclusion :

Après la phase de conception, qui est une étape très importante dans le cycle de vie de l'application qui permet de décrire de manière non ambiguë le fonctionnement de mon futur système, je vais passer à la réalisation et le développement de l'application qui seront l'objet du chapitre suivant.

Chapitre 5 Réalisation

V.1. Introduction :

Ce chapitre décrit l'implémentation proprement dite de l'application dans un environnement technologique bien spécifié.

Je commence par présenter l'environnement matériel et logiciel ainsi que les différents choix techniques utilisés pendant cette phase. Puis, je décris la démarche suivie pour la réalisation en présentant les différents problèmes rencontrés aussi bien au cours de la réalisation que pendant la validation.

V.2. Environnement de travail :

V.2.1 Environnement matériel :

- Machine 1 :
  Duel Core, CPU T2080 @ 1.73*2 GHz, 2 GO de RAM.

V.2.2 Environnement logiciel :

- Système d'exploitation : Windows XP Professionnel.
- Outil de conception : Rational Rose.
- Outil de développement : Oracle developer suite 10g.
- SGBD : Oracle 10g.
- Navigateur : Mozilla Firefox.
- Logiciel de traitement de texte : Microsoft Word 2007.

V.3. Architecture du système :

L'architecture adoptée est une architecture client/serveur. L'architecture client/serveur désigne un mode de communication entre plusieurs ordinateurs d'un réseau qui distingue un ou plusieurs clients du serveur : chaque logiciel client peut envoyer des requêtes à un serveur. Un serveur peut être spécialisé en serveur d'applications, de fichiers, de terminaux, ou encore de messagerie électronique.

Le client et le serveur doivent bien sûr utiliser le même protocole de communication. Un serveur est généralement capable de servir plusieurs clients simultanément.

Oracle s'appuie sur une architecture client-serveur :

- Un ou plusieurs Poste Client qui assurent la gestion de l'affichage avec un simple navigateur Web.
- Un Serveur d'Applications qui gère la logique d'application.
- Un Serveur de Données où est stockée la base de données qui gère les transactions orientées données.

Une telle architecture se base sur la notion de couche, on distingue trois couches :

- La couche présentation (c'est-à-dire client) est la partie du logiciel que l'on trouve du côté de l'utilisateur final. Comme son nom l'indique, cette partie ne contient que l'interface
- La couche de gestion des données (le serveur), qui consiste en une base de données ou tout système de stockage des données.
- La couche logique qui est le cœur même de l'application ; elle fait le lien entre le client et le serveur, et forme ce que l'on appelle le serveur d'application.

Le schéma suivant met en évidence la relation entre ces différentes couches.

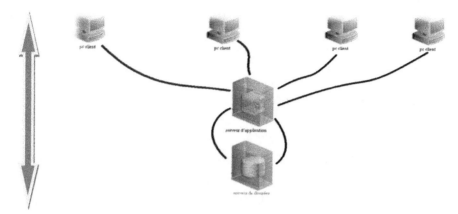

Figure 5.1 Modèle client-serveur trois tiers en oracle.

V.4. Environnement technologique :

V.4.1. Environnement de développement :

Pour la réalisation de mon projet, on a choisi d'adopter comme standard de développement Oracle developer suite 10g qui est destiné à la conception et à la création d'applications client-serveur. Oracle developer est composé de 4 applications qui sont oracle forms, oracle reports, oracle graphics et procedure builder.

Pour mon application, on a opté pour << forms builder >> qui est un outil permettant d'interroger la base de données de façon graphique sans connaissances préalables du langage SQL et permet ainsi de développer des applications graphiques (fenêtres, formulaires, ...) permettant de sélectionner, modifier et supprimer des données dans la base.

En effet, cet environnement inclut un certain nombre d'assistants, d'utilitaires et de contrôles (cases à cocher, zones de texte, ...) pour améliorer la vitesse de développement de l'application.

V.4.2. Langage de développement :

Pour développer mon application, j'ai choisi d'utiliser le langage «PL/SQL» qui est un langage L4G. Le choix de ce langage n'était pas arbitraire, il a été fixé pour les raisons suivantes :

- Fournit une interface procédurale au SGBD oracle.
- Intègre parfaitement le langage SQL en lui apportant une dimension procédurale.
- Permet de manipuler de façon complexe les données contenues dans une base oracle.
- Permet de faire appel à des procédures externes.
- Offre un moyen d'identifier et de traiter les éventuelles erreurs à l'aide de mécanisme des exceptions.
- Simple et lisible.

Par la suite on détaillera une partie de code d'un déclencheur WHEN NEW FORM INSTANCE, qui permet le renouvellement automatique des contrats de location, ainsi la modification de l'augmentation pour chaque contrat.

```
Set_Window_Property('GET', WINDOW_STATE, MAXIMIZE); --Maximizer la taille du fenêtre lors de son exécution
DECLARE
   nbr NUMBER(3);
BEGIN
   SELECT count(*) INTO nbr FROM augmentation,contrat
   WHERE date_fin = SYSDATE
   AND augmentation.id_contrat=contrat.id_contrat
   AND contrat.etat_contrat='Active'
   AND augmentation.id_aug IN ( SELECT MAX (id_aug) FROM augmentation GROUP BY id_aug );
   IF nbr > 0 THEN
      DECLARE
         mont1 NUMBER (10,3);
         mont2 NUMBER (10,3);
         CURSOR cur IS SELECT augmentation.id_contrat,augmentation.date_deb,augmentation.augment,
                       augmentation.montant_aug,augmentation.date_fin,augmentation.mont_synd
            FROM augmentation,contrat
            WHERE date_fin = SYSDATE
            AND augmentation.id_contrat=contrat.id_contrat
            AND contrat.etat_contrat='Active'
            AND augmentation.id_aug IN ( SELECT MAX (id_aug) FROM augmentation GROUP BY id_aug );
      BEGIN
         FOR i IN cur LOOP
            mont1 := i.montant_aug + ((i.montant_aug*i.augment)/100);
            mont2 := i.mont_synd + ((i.mont_synd*i.augment)/100);
            INSERT INTO augmentation VALUES ( seq_augmentation.NEXTVAL, i.id_contrat, SYSDATE, i.augment, mont1, add_months(SYSDATE,12), mont2);
            COMMIT;
            mont1:=0;
            mont2:=0;
         END LOOP;
      END;
   END IF;
END;
```

La requête SELECT suivante permet de retourner le nombre de tuple dans la table contrat qui rempli les critères de renouvellement.

Dans le cas où le nombre de tuple est supérieur à zéro, on rempli un curseur par ces tuples.

La boucle suivante permet le parcours du curseur afin de mettre à jour l'augmentation pour chaque contrat.

Figure 5.2 Tranche de code.

V.4.3. Système de gestion de base de données oracle 10g:

Oracle est un SGBD (système de gestion de bases de données) édité par la société du même nom, leader mondial des bases de données. C'est un SGBD très puissant dans la mesure où il gère les accès concurrents. Il est utilisé pour les bases de données des grandes entreprises car elles disposent d'un flux important de données.

Oracle est un SGBD permettant d'assurer :

-   La définition et la manipulation des données.
-   La cohérence des données.
-   La confidentialité des données.
-   L'intégrité des données.
-   La rapidité des manipulations des données.
-   La sauvegarde et la restauration des données.
-   La gestion des accès concurrents.
-   L'adaptabilité avec plusieurs plateformes.

V.5. Gestion du projet :

La réalisation du projet procède selon une hiérarchie d'étapes appelées les étapes du cycle de vie d'un logiciel que voici :

- Etape 1 : Cette étape consiste à rechercher la documentation nécessaire pour mon application. Cette étape a duré une semaine.
- Etape 2 : Etude des besoins et étude de l'existant. Ceci consiste à faire le bilan des besoins exprimés pour m'aider à concevoir une solution adéquate. Cette étape a duré deux semaines.
- Etape 3 : Conception de la base de données. Elle revient à appliquer les différents diagrammes à un langage de conception choisie (dans mon cas, il s'agit du le langage UML).Cette étape a duré trois semaines.
- Etape 4 : Développement ou codage du code source spécifique à l'application. Cette étape a duré pour quatre semaines.
- Etape 5 : Tests et validation. Elle permet de gérer les messages d'erreurs et de reprendre les phases de défaillance du cycle de vie du projet pour aboutir vers la fin à une application opérative. Cette étape a duré une semaine.

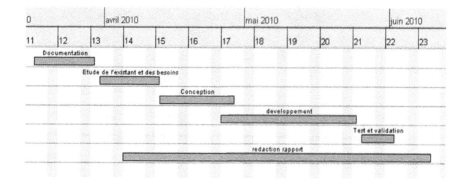

Figure 5.3 Chronogramme de réalisation de projet.

V.6. Phase d'implémentation :

V.6.1. Contraintes :

Différentes contraintes en relation avec l'implémentation de mon application ont été imposé dont :

- La contrainte de temps : on doit bien respecté les délais imposés.
- La contrainte du langage : ici il faut que le langage soit au profit de la conception déjà établies.
- La contrainte de gestion d'erreurs : il faut prévoir toutes les erreurs et les risques qui peuvent se produire lors du développement et du l'interaction Homme/Machine afin d'établir des plans de test.
- Les contraintes d'IHM : il s'agit de respecter les règles ergonomiques lors de la réalisation des interfaces de l'application.

V.6.2. Pratiques adoptées :

Pour assurer la lisibilité, la compréhension et la maintenabilité du code implémenté, j'ai suivi les pratiques suivantes :

43

- Modularité de l'application : il s'agit de décomposer le système en sous-systèmes mois complexes.
- Code commenté : il s'agit de commenter les instructions à syntaxe difficile.
- Nomination des variables : j'ai choisi des noms de variables significatifs accompagnés d'un préfixe indiquant son type.
- Gestion des versions : je n'ai pas utilisé un logiciel spécifique pour la gestion des versions mais j'ai gardé à chaque fois les anciennes versions du travail.

V.7. Phase de tests et validation :

Au cours des tests établis, je prends en considération les points de vue des utilisateurs pour pouvoir corriger les anomalies existantes afin d'aboutir à la version définitive de l'application.

Deux activités peuvent être effectuées au niveau d'un test : la vérification et la validation. La première consiste à vérifier que le résultat correspond à la spécification et la deuxième consiste à vérifier que le résultat correspond vraiment à ce que voulait l'utilisateur. A ce niveau, j'ai effectué des tests de cas d'utilisation avec des personnels de l'entreprise pour valider quelques interfaces. J'ai tenu compte de ces propositions et j'ai vérifié les résultats de l'exécution du nouveau code implémenté.

La figure 5.5 illustre le schéma générale suivie pour les différents tests.

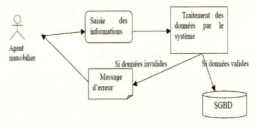

Figure 5.4 Illustration de l'étape de test.

Tests réalisés	Résultat attendu	Résultat du test
Vérification des données incorrectes saisies lors de l'authentification d'un agent immobilier.	Si données valides l'utilisateur se connecte à l'application sinon un message d'erreur s'affichera.	
Vérification de l'ajout des données dans la base de données après validation.	Données ajoutées dans la base de données.	ok
Vérification de la mise à jour de l'état d'un bien après l'ajout d'un contrat.	Exemple : Si un ajout de contrat de vente, l'état deviendra 'vendu' au lieu 'à vendre'.	ok
Génération d'une facture sous format PDF.	Facture générée.	ok
Ajout d'un règlement d'une facture déjà réglée.	Affichage de message 'facture déjà réglée'.	
Génération des statistiques demandées par un agent immobilier.	Statistique générés.	ok

Figure 5.5 Tableau des tests.

V.8. Conclusion :

La réalisation d'un projet informatique fait entrer en jeu plusieurs acteurs internes et externes comme la plateforme matérielle et logicielle sur laquelle le développement se réalise. Ces acteurs ont une grande influence sur la qualité du produit développé. Dans ce chapitre on a présenté les différents choix techniques effectués pour la réalisation de ce projet, dans le prochain chapitre, on présentera les choix ergonomiques avec quelques interfaces de l'application.

45

Chapitre 6 Interface de l'application

VI.1. Introduction :

Dans ce chapitre je présente les principales interfaces de mon application. Je mets l'accent sur l'aspect ergonomique et respect des spécifications élaborées dans le chapitre analyse des besoins et spécification.

VI.2. Interfaces de l'application :

⬩ Choix ergonomiques

L'ergonomie est la science et la technique qui analyse les systèmes H/M dans le but d'adapter les machines aux hommes.

Il existe des critères ergonomiques à suivre lors de la conception d'une interface. Les plus connus et reconnus sont ceux de Bastien et Scapin (deux chercheurs français). Citons parmi lesquels le guidage (incitation, groupement, distinction entre items, lisibilité,...), la charge de travail (brièveté), l'adaptabilité (flexibilité), la gestion des erreurs, l'homogénéité, etc., et ce dans le but d'assurer des conditions de travail aussi confortables et satisfaisantes que possible.

⬩ Interfaces

L'application à réaliser se compose de plusieurs modules : Gestion d'accès, gestion des clients, gestion des Biens Immobiliers, gestion des contrats.

- **Interface authentification :**

C'est une interface commune à tous les utilisateurs du système. Après vérification des données (nom d'utilisateur, mot de passe), l'utilisateur sera dirigé vers l'interface qui correspond à son profil.

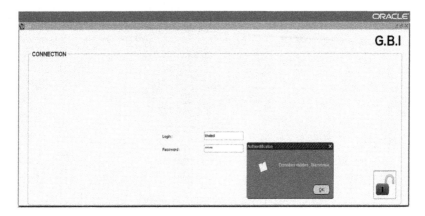

Figure 6.1 Authentification.

- **Accueil administrateur:**

C'est une interface dédiée à l'administrateur pour gérer les comptes des utilisateurs de l'application, leurs droits d'accès ainsi que le paramétrage des modes de paiement et des types de biens.

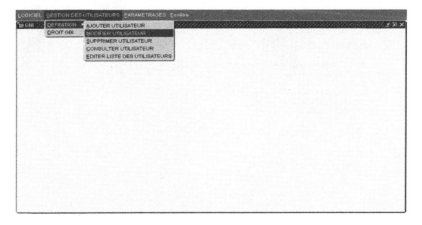

Figure 6.2 Accueil administrateur.

- **Affectation des droits :**

Selon les postes occupées par les agents immobiliers, l'administrateur affecte les droits d'accès à travers cette interface.

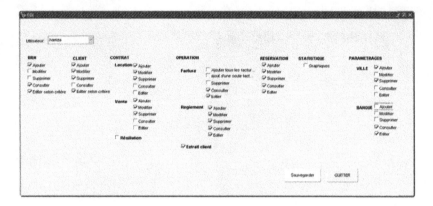

Figure 6.3 Affectation des droits.

- **Accueil agent immobilier :**

Cette interface représente le menu principal de mon application qui permet à l'agent immobilier de gérer les biens, les clients, les contrats, les opérations de facturation et de règlement, les réservations, le paramétrage des villes et des banques ainsi que la consultation des statistiques.

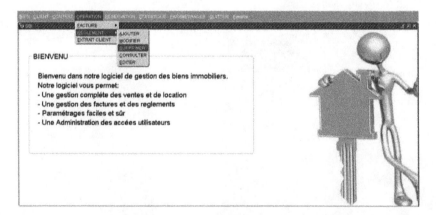

Figure 6.4 Accueil GBI.

- **Ajout d'un bien :**

C'est l'interface qui permet à l'agent immobilier d'ajouter un bien, en remplissant le formulaire dédié à cet effet.

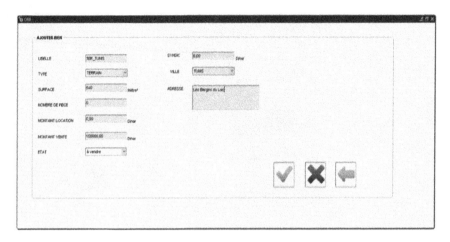

Figure 6.5 Ajout d'un bien.

- **Modification d'un bien :**

A travers cette interface l'utilisateur peut modifier les informations concernant un bien sélectionné selon son libelle.

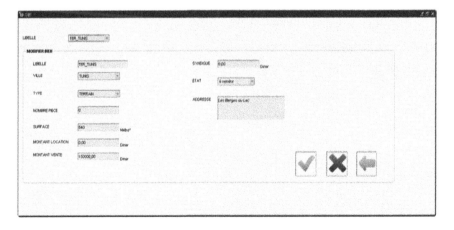

Figure 6.6 Modification d'un bien.

- **Edition des biens selon des critères de recherche :**

Cette interface permet un filtrage des biens selon des critères de recherche bien déterminés.

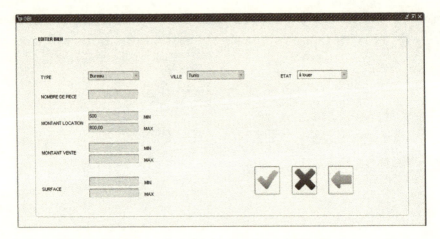

Figure 6.7 Edition des biens selon des critères de recherche.

- **Ajout d'un contrat :**

Cette interface permet à l'utilisateur d'ajouter un nouveau contrat. Pour pouvoir faire l'ajout on doit d'abord sélectionner un bien et le nom du client à partir d'une liste déroulante. Lors de l'ajout d'un contrat de location, l'état de bien devient automatiquement «loué» et lors de suppression ou résiliation du contrat, l'état devient «à louer».

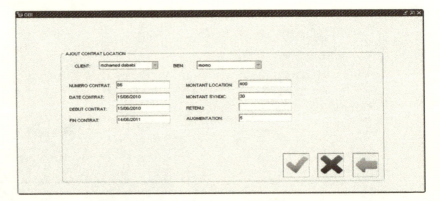

Figure 6.8 Ajout d'un contrat de location.

- **Consulter contrat :**

A travers cette interface l'agent immobilier peut consulter les différents détails d'un contrat bien défini.

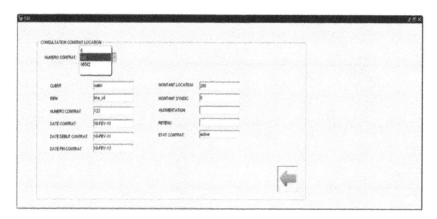

Figure 6.9 Consultation d'un contrat.

- **Consultation d'un règlement**

L'agent immobilier peut accéder à un règlement d'une facture pour vérifier les informations concernant un règlement.

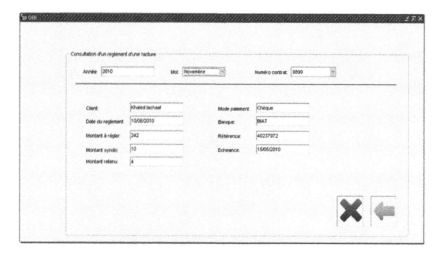

Figure 6.10 Consultation d'un règlement.

- **Ajouter réservation d'un bien :**

Cette interface permet de réserver un bien sélectionné pour le compte d'un client pour une période déterminé, la période débute avec la date de réservation.

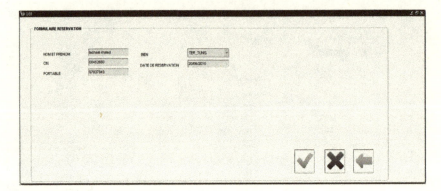

Figure 6.11 Ajout d'une réservation.

Les états

- **Facture :**

La facture est représentée sous format PDF pour permettre à l'agent immobilier de l'imprimer. Cette dernière incluse différentes informations tels que le montant à régler et la date de la facture.

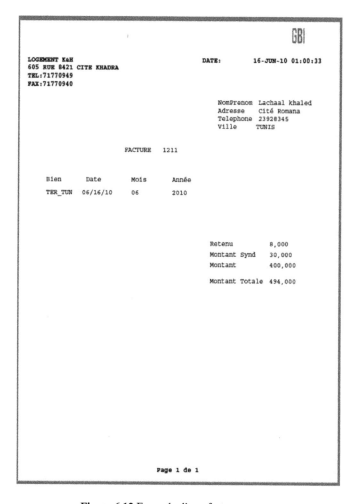

Figure 6.12 Exemple d'une facture.

- **Extrait client :**

L'extrait client est représenté sous format PDF pour permettre à l'agent immobilier son impression. Ce dernier représente les détails concernant un compte client tel que les factures réglées, la date et les montants des règlements, etc.

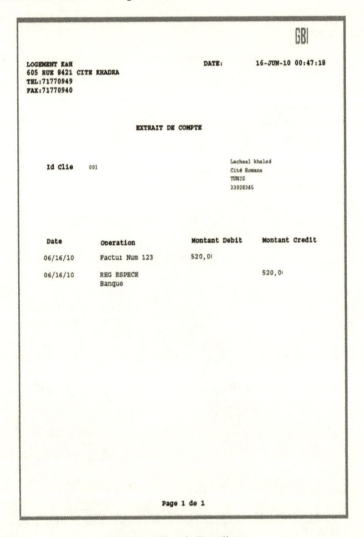

Figure 6.13 Extrait d'un client.

- **Exemples des statistiques :**

A travers cet état en format PDF, l'utilisateur de l'application peut consulter les pourcentages des biens selon son état.

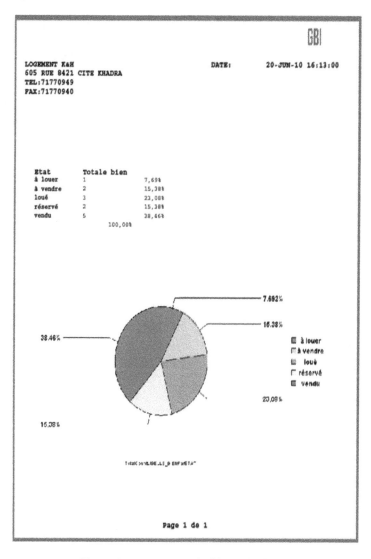

Figure 6.14 Pourcentage des biens selon l'état.

A travers cet état en format PDF, l'utilisateur de l'application peut consulter les pourcentages des modes paiement pour savoir le mode le plus utilisé par les clients lors du règlement des factures.

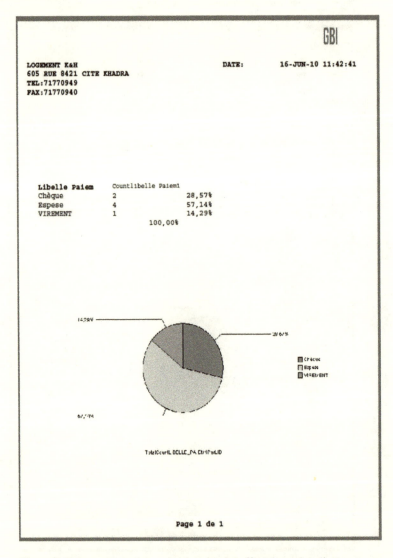

Figure 6.15 Pourcentage des modes de paiement effectués par les clients.

Cet état permet à l'agent immobilier de savoir la somme des montants des contrats de location et des contrats de vente.

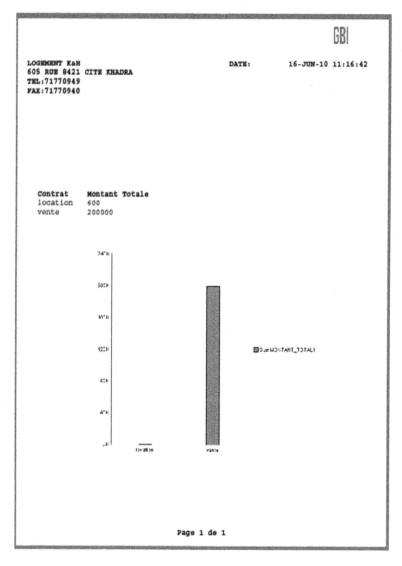

Figure 6.16 Somme des montants des contrats.

VI.3. Conclusion :

Mon application présente une interface minimaliste et très simple d'utilisation pour tous types d'utilisateurs et ce, dans le souci ergonomique de faciliter le travail pour les différents utilisateurs. On a pris soin de rendre mon application facile d'utilisation par le biais de son interface car la majorité des utilisateurs futurs ont des connaissances assez sommaires de l'utilisation de l'outil informatique.

Conclusion générale

Mon travail a consisté à concevoir et à réaliser une application 3tiers client/serveur pour la gestion des biens immobiliers.

Cette application automatise la gestion des demandes de location, de vente et facilite la gestion des contrats ainsi que la gestion clientèles. Elle se distingue par son aspect générique et paramétrable.

Pour accomplir ce travail, j'ai utilisé le processus de développement unifié, ce qui m'a permis de relever les avantages d'un travail itératif dans le monde réel et qui s'adapte à l'évolution des besoins. Le suivi de ce processus m'a conduit à la réalisation d'un système stable et évolutif.

En effet, il m'a été même possible de satisfaire des besoins et des exigences qui sont survenus en plein développement. Le processus unifié, offre de même la possibilité de commencer la réalisation du système à un stade avancé de son cycle de vie.

De plus, à la fin de chaque itération ou chaque phase, j'ai eu l'opportunité de reconsidérer ce qui a été fait et par conséquent, de poursuivre ou de modifier le processus en fonction de l'évaluation de mes encadreurs.

L'expérience dans un cadre professionnel à la société ONLY SOFT, m'a été bénéfique sur tous les plans et principalement sur la prise de décision devant les choix techniques de développement. Ce stage, sur le plan personnel, m'a permis d'acquérir une expérience professionnelle dans ces nouvelles technologies et environnements de travail pour pouvoir réussir d'autres projets informatiques et sur le plan professionnel, on a répondu aux besoins décris dans le cahier de charge.

En termes de perspectives, je peux étendre les fonctionnalités du système par la mise de réservation en ligne.

Bibliographie

- Pascal Roques, *UML par la pratique, 2e édition*
- Razvan Bizoï, *Oracle 10g Administration*

Nétographie

- http://www.developpez.com
- http://www.commentcamarche.net/
- http://www.teachersparadise.com/ency/fr/wikipedia/c/cl/client_serveur.html
- http://oracle.developpez.com/guide/
- http://lgl.isnetne.ch/
- http://uml.free.fr/cours/p9.html